DON
BOSCO

Andrea Erkert

Die 50 besten
Wahrnehmungs-
spiele

DON BOSCO *MiniSpielothek*

**Gerne nehmen wir Ihre Anregungen,
Wünsche, Kritik oder Fragen entgegen:**
Don Bosco Medien GmbH, Sieboldstraße 11, 81669 München
anregungen@donbosco-medien.de
Servicetelefon: 089 / 48008-341

Bibliografische Information der Deutschen Nationalbibliothek

Die Deutsche Nationalbibliothek verzeichnet diese Publikation in
der Deutschen Nationalbibliografie; detaillierte bibliografische
Daten sind im Internet über http://dnb.d-nb.de abrufbar.

14. Auflage 2019 / ISBN 978-3-7698-1613-6
© 2007 Don Bosco Medien GmbH, München
www.donbosco-medien.de
Umschlag und Illustration: Felix Weinold
Layout: Alexandra Paulus
Produktion: Don Bosco Druck & Design, Ensdorf

Gedruckt auf umweltfreundlichem Papier

Inhalt

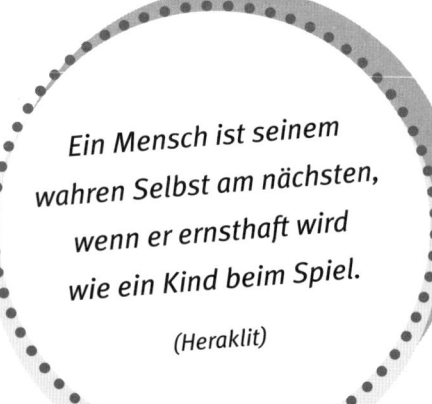

Ein Mensch ist seinem
wahren Selbst am nächsten,
wenn er ernsthaft wird
wie ein Kind beim Spiel.

(Heraklit)

Spiele, die hellhörig machen

Klingende Gläser

Die Kinder sitzen beliebig im Raum verteilt. Während ein Kind die Augen schließt, bekommen die übrigen Kinder jeweils ein leeres Glas und eine Gabel gereicht. Die Kinder bringen nacheinander die Gläser mit einer Gabel zum Klingen.

Irgendwann schlägt ein Kind, das per Zeichensprache bestimmt wird, zweimal sein Glas an. Damit der „Lauschende" die beiden kurz aufeinanderfolgenden Töne erkennen kann, muss er sehr konzentriert und aufmerksam sein. Sobald das Kind die Töne wahrnehmen kann, hebt es die Hand.

 Material

- Gläser und Gabeln

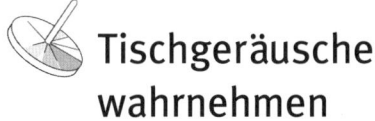 # Tischgeräusche wahrnehmen

Alle Kinder sitzen mit geschlossenen Augen um einen Tisch herum. Nur ein Kind darf seine Augen offen halten und den anderen Kindern Geräusche vormachen (z. B. mit den Fingern auf die Tischplatte klopfen, reiben, kratzen etc.). Die Kinder hören aufmerksam und konzentriert zu.

Nach einer zuvor festgelegten Anzahl von Geräuschen öffnen die Kinder die Augen und zählen in der richtigen Reihenfolge auf, was sie gehört haben, oder versuchen, die Geräuschekette selbst in der richtigen Reihenfolge nachzuspielen. Das trainiert das Gedächtnis und schult die Fingermotorik.

11

Ein Buch hören

Die Kinder sitzen mit geschlossenen Augen bequem im Stuhlkreis. Ein Kind hat die Augen geöffnet, es hält ein Buch in der Hand, in dem es Seite für Seite langsam umblättert.

Nach jedem Umblättern macht es eine kurze Pause. Damit die anderen Kinder das Umblättern der Buchseiten mitverfolgen können, müssen sie sehr leise sein. Zusätzlich besteht die Aufgabe auch darin, sich die Anzahl der umgeblätterten Buchseiten zu merken. Dadurch wird die akustische Aufmerksamkeit gefördert und das Gedächtnis trainiert. Nach maximal 20 umgeblätterten Buchseiten öffnen die Kinder ihre Augen und teilen nacheinander ihre Ergebnisse mit und vergleichen. Um die Aufgabe erfüllen zu können, müssen die Kinder im Zahlenraum von 1 – 20 zählen können.

Bello, fass den Ball!

Die Übung ist mit dem bekannten Spiel „Topfschlagen" vergleichbar. Bellos Aufgabe besteht darin, mit geschlossenen Augen die Klangkugel zu finden. Ein anderes Kind lässt die Klangkugel ertönen. Damit Bello sie hören kann, muss es im Raum mucksmäuschenstill sein. Findet Bello die Kugel?

Die Aufgabe wird erleichtert, wenn Bello sich nicht nur auf sein gutes Gehör verlassen muss, sondern auch seinen Tastsinn zur Hilfe nimmt.

Material

- Klangkugel

Hasensprünge hören

Die Kinder stehen im Kreis und haben die Augen geschlossen. Ein Kind steht in der Kreismitte und macht verschiedene Geräusche, wie Klatschen, mit den Fingern schnipsen, mit den Füßen stampfen etc.
Irgendwann macht das Kind auf seinem Platz einen Hüpfer und alle anderen müssen den Sprung ‚blind' nachmachen. Wer von den Kindern hat den Hasensprung gehört und rechtzeitig nachgemacht?

Wer hat das Glöckchen?

Die Kinder halten die Hände hinter ihrem Rücken verborgen und sitzen dicht nebeneinander. Ein Kind verlässt den Raum. Während es vor der Türe wartet, bekommt ein Kind aus der Gruppe ein Glöckchen in die Hände gelegt.

Das wartende Kind kommt wieder herein und das Glöckchenkind läutet kurz mit seinem Glöckchen. Ob das Ratekind wohl herausfindet, wer da geläutet hat?

Material

— ein Glöckchen

Den Klang erkennen

Ein Kind schlägt mit einer Gabel das Glas und die anderen Gegenstände vorsichtig an und lauscht den verschiedenen Klängen. Dabei soll es besonders auf den hohen Ton des leeren Glases achten. Dann schließt es die Augen.

Jetzt schlägt ein anderes Kind vorsichtig die Gegenstände an. Sobald das Ratekind glaubt, den hohen Ton des leeren Glases hören zu können, hebt es die Hand.

Material

- ein Glas
- eine Gabel
- 5 – 6 verschiedene Gegenstände
- z. B. eine Schale
- ein Kochtopf
- eine Dose
- eine Triangel
- Klangstäbe etc.

Don Bosco

Pädagogik und Religionspädagogik

Kompetenz für Kindergarten, Schule, Familie und Gemeinde

DON BOSCO

LEBENDIG. KREATIV. PRAXISNAH.

Der Krippenkinder-Morgenkreis

Elke Gulden/Bettina Scheer
96 Seiten, kartoniert, farbig illustriert,
Notensatz mit Akkorden, inkl. Musik-CD
mit ca. 60 Minuten Spielzeit

ISBN 978-3-7698-2415-5
€ (D) 19,95 | € (A) 20,60 | sFr. 22,90

Von
1 bis 3
Jahren

Weil kleine Kinder ihre Zeit brauchen, um gut in den Tag zu starten und in der Gruppe anzukommen, bedarf es eines gut ausgewählten Repertoires an behutsamen Spielen, Ritualen und Aktionen. Hier sind die fröhlichen Ideen für den Morgenkreis in der Krippe: Bewegungsspiele, Klanggeschichten, Lieder, Fingerspiele sowie Klatsch-, Stampf- und Winke-Verse für ein ganzes Krippenjahr. Inkl. CD.

Heute haben wir Besuch

Andrea Erkert/Stephen Janetzko
112 Seiten, kartoniert, farbig illustriert, inkl.
Musik-CD mit ca. 60 Minuten Spielzeit

ISBN 978-3-7698-2402-5
€ (D) 19,95 | € (A) 20,60 | sFr. 22,90

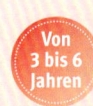
Von
3 bis 6
Jahren

Immer wieder sind Eltern oder andere Erwachsene zu Besuch in der Kita. Mit diesen Spielen, Aktionen und Liedern integrieren Sie die Eltern in den Kita-Alltag. Da wird gemeinsam gesungen, gelacht und gespielt, und die Eltern erleben live mit, womit sich ihre Kinder in der Kita beschäftigen, welchen Stellenwert der Morgenkreis hat und wie Singen und Spielen das Miteinander fördern.

Den Namen flüstern

Die Kinder stehen im Kreis. Nur eines sitzt in der Mitte auf dem Boden und flüstert den Namen eines Mitspielers. Damit alle Kinder den Namen hören können, müssen sie mucksmäuschenstill und aufmerksam sein.
Wer seinen Namen hört, geht schweigend einmal im Kreis herum. Schafft es das Kind, dabei möglichst geräuschlos zu sein, setzt es sich, wieder an seinem Platz angekommen, auf den Boden. Ein weiteres Kind wird durch Namen-Flüstern auf die Reise geschickt.
Die Übung ist erst dann beendet, wenn alle Kinder auf dem Boden sitzen.

Indem die Kinder geduldig im Kreis warten, bis sie ihren Namen hören können, werden Konzentration und Ausdauer geschult. Außerdem gewöhnen sich die Kinder auf spielerische Weise an Stille – eine gute Vorübung für Meditationen, Fantasiereisen und Stilleübungen.

Den Summton erkennen

Die Kinder sitzen im Stuhlkreis. Ein Kind macht den anderen einen Summton vor. Während anschließend ein beliebiges Kind aus der Gruppe draußen wartet, überlegen sich fünf Kinder jeweils ein Geräusch (z. B. mit den Händen klatschen, mit den Füßen stampfen, mit den Fingern schnipsen etc.).

Das Kind vor der Türe wird wieder hereingebeten und mit geschlossenen Augen hört es die unterschiedlichen Geräusche. Zwischendurch ertönt auch der Summton, den das Kind heraushören und durch Handzeichen anzeigen soll. Der „Lauscher" kann versuchen, auch die anderen Geräusche zu identifizieren und zu benennen.

Das Wortspiel

Jeweils zwei Kinder stehen sich in geringem Abstand gegenüber und schauen sich an.

Ein Kind beginnt und sagt in normaler Lautstärke ein Wort (z. B. Tomate). Das andere Kind wiederholt das Wort. Hat es den Begriff richtig wiedergegeben, darf es einen Schritt zurückgehen.

Das erste Kind nennt ein neues Wort, welches der „Empfänger" wiederholt. Konnte auch dieses Wort verstanden werden, geht das Kind einen weiteren Schritt zurück. Je größer der Abstand zwischen Sender und Empfänger wird, desto aufmerksamer muss der Empfänger zuhören und desto exakter der Sender sprechen.

Die Übung ist beendet, wenn das Kind am Ende des Raumes angekommen ist. Konnte ein Wort nicht verstanden werden, muss der Empfänger wieder einen Schritt vorwärts gehen.

Spiele, die
Augen öffnen

Kommissar „Wachauge"

In der Stuhlkreismitte befinden sich sechs verschiedene Kleidungs- und Schmuckstücke. Ein Kind spielt Kommissar „Wachauge" und schaut sich die Dinge aufmerksam an.

Danach verlässt Kommissar Wachauge den Raum und wartet vor der Türe. Nun wird ein Kind aus der Gruppe zum Dieb bestimmt. Der Dieb nimmt sich irgendein Kleidungs- oder Schmuckstück und zieht sich dieses an. Während der Dieb sich wieder auf seinen Platz setzt, rufen alle laut um Hilfe. Daraufhin betritt Kommissar Wachauge schnellstens den Raum und versucht, das fehlende Diebesgut ausfindig zu machen.

Material

- sechs verschiedene Kleidungs- und Schmuckstücke
- (z. B. Schal, Mütze, Ring, Kette, Haarspange, Armreifen)

Kunterbunter Schnursalat

Die Schnüre werden kunterbunt neben- und übereinander auf einen Tisch gelegt.
Nachdem der Schnursalat fertig angerichtet ist, versuchen die Kinder, die zwei Schnüre mit der gleichen Farbe zu entdecken und sie aus dem Schnüresalat herauszufischen.

- acht lange Schnüre
- zwei davon in gleicher Farbe

 # Schuhe, Schuhe – nichts als Schuhe!

Basteln: Für diese Stilleübung wird ein Fernglas aus Papprollen benötigt. Zwischen zwei Toilettenpapierrollen wird eine leere Zündholzschachtel geklebt. Damit das „Fernglas" auch umgehängt werden kann, befestigt man an den Rollen eine Schnur.

Spielen: Die Kinder ziehen jeweils einen Schuh aus und legen ihn in die Stuhlkreismitte. Ein Kind schaut sich stehend mit dem Fernglas einen Schuh an und beschreibt ihn. Hierbei soll nach dem uralten Kinderspiel „Ich sehe was, was Du nicht siehst" vorgegangen werden. Glaubt ein anderes Kind, den beschriebenen Schuh als den eigenen zu erkennen, hebt es die Hand.

Material

- Ein selbstgebasteltes Fernglas, bestehend aus zwei Papprollen, einer leeren Zündholzschachtel und einer Schnur.

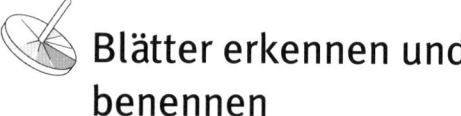

Blätter erkennen und benennen

Vor dem Kind liegen Blätter unterschiedlicher Laubbäume. Gemeinsam werden drei bis vier (bei älteren Kindern auch bis zu sechs) verschiedene Blätter voneinander unterschieden und mit Namen benannt. Nachdem das Kind die Blätter kennen gelernt hat, verlässt es den Raum. Die Erzieherin nimmt ein Blatt weg. Das Kind vor der Türe wird wieder hereingeholt und soll das fehlende Blatt herausfinden.

Material

- Blätter von unterschiedlichen Laubbäumen

Der Bär in der Höhle

Der Raum wird etwas abgedunkelt. Ein Kind wartet vor der Tür, ein anderes spielt den Bären und stellt sich dicht hinter die Leinwand. Das Licht des Diaprojektors wird nun so auf die Leinwand gerichtet, dass nur der Schatten des „Bären" zu erkennen ist. Das Ratekind wird hereingeholt und soll nun herausfinden, welcher Bär sich da so schwer und tapsig bewegt.

Schwieriger wird es, wenn gleich zwei Bären hinter der Leinwand versteckt sind.

Material

- eine Leinwand und ein Diaprojektor

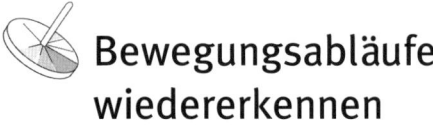

Bewegungsabläufe wiedererkennen

Bis auf ein Kind – der „Spiegel" – stehen alle in einer Reihe nebeneinander. Der Spiegel stellt sich vor die Gruppe. Jedes Kind in der Reihe denkt sich eine Bewegung aus, die es in Zeitlupe vormacht. Der Spiegel sucht sich einen Bewegungsablauf aus, den es exakt nachzumachen versucht. Die Kinder in der Reihe beobachten den Spiegel und wer glaubt, seine eigenen Bewegungen wiederzuerkennen, ruft laut: „Erkannt!".

Das Würfelreaktionsspiel

Alle Kinder sitzen um einen Tisch herum. Das jüngste Kind fängt an: Es schüttelt die drei Würfel in dem Becher kräftig, stellt den Becher mit der Öffnung nach unten auf den Tisch und dreht behutsam den Becher um, so dass die drei Würfel zu sehen sind. Sobald eine gewürfelte Sechs zu erkennen ist, müssen die Kinder blitzschnell reagieren und sich von ihrem Stuhl erheben. Das Kind, welches zuletzt aufgestanden ist, beginnt eine neue Würfelrunde.

- ein Becher
- drei Würfel

Farben zuordnen

Die Kinder sitzen im Stuhlkreis, in dessen Mitte sich die verschiedenen, einfarbigen Gegenstände finden. Ein Kind aus der Gruppe schaut sich aufmerksam die Gegenstände an. Danach legt es ein großes Tuch darüber. Ein Partnerkind schaut vorsichtig unter das Tuch und nennt einen Gegenstand. Das erste Kind überlegt und versucht sich an die richtige Farbe zu erinnern. War der Bleistift nun grün oder blau? Zur Kontrolle kann das Tuch jeweils kurz aufgedeckt werden.

Material

ein Dutzend verschiedene, einfarbige Gegenstände. Beispielsweise:

- ein Legostein
- ein Ball
- ein Buntstift
- etc.

Die Sonne finden

Den Kindern werden drei verschiedene Bildkärtchen, eines mit einer Sonne, eines mit Regen und eines mit Wolken gezeigt. Anschließend werden die Kärtchen verdeckt nebeneinander gelegt. Die Erzieherin vertauscht unaufhörlich die Plätze der Kärtchen vor den Augen der Kinder. Nach ca. 30 Sekunden wird der Vorgang beendet. Die Erzieherin blinzelt ein Kind an, welches auf das Sonnenkärtchen deuten soll. Wurde die Sonne gefunden, startet eine neue Spielrunde.

Material

- jeweils ein Bildkärtchen mit Sonne, Regen und Wolken.

Schau genau hin

Ein Kind hat die Aufgabe, alle anderen Kinder, die im Raum umherspazieren, aufmerksam zu beobachten. Auf ein Zeichen hin bleibt die Gruppe stehen und das Beobachterkind verlässt kurz den Raum. Einem Kind im Raum wird nun ein Umhang umgelegt, so dass nur noch sein Kopf herausschaut. Das Beobachterkind wird hereingebeten und seine Aufgabe besteht nun darin, möglichst genau die Kleidungsstücke, die sich unter dem Umhang verbergen, zu beschreiben.

Material

- Tamburin
- Umhang

Spiele für Spürnasen und Feinschmecker

Die Duftintensität prüfen

Die Kinder schnuppern immer wieder an den einzelnen Nahrungsmitteln, um den intensivsten und den schwächsten Duftstoff herauszufinden. Die Kinder können die Nahrungsmittel nach Duftintensität sortieren.

- genügend Nahrungsmittel, die unterschiedlich stark duften (Zwiebel, Knoblauch, Milch, Honig usw.)

Geschmäcker sind verschieden

Auf Tellern liegen verschiedene Lebensmittel bereit. Die Kinder können sich gegenseitig Geschmacksproben auf Löffeln servieren. Das Kind, das probiert, schließt seine Augen, um den Geschmack intensiv wahrnehmen zu können.

In einer anschließenden Gesprächsrunde tauschen die Kinder aus, was ihnen besonders gut geschmeckt hat oder was sie gar nicht mochten.

Material

- verschiedene Nahrungsmittel
- ein Löffel für jedes Kind

 Genießen

Die Fähigkeit eine Mahlzeit zu genießen, geht immer mehr verloren. Fast-food und Fertiggerichte führen dazu, dass wir zu hastig essen und natürliches Sättigungsgefühl unzureichend wahrnehmen. Zudem ernähren wir uns zu fett, immer mehr Menschen leiden an Übergewicht.

Kinder besitzen in der Regel noch die Gabe, langsam und genussvoll zu essen. Damit sich diese natürliche Fähigkeit verfestigt und nicht verloren geht, eignet sich folgende Übung.

Übung

Alle Kinder bekommen ein Stück Brot und setzen sich in den Stuhlkreis. Zunächst versuchen die Kinder mit geschlossenen Augen das Brot hastig zu essen.

In einem zweiten Durchgang kauen die Kinder besonders langsam ein weiteres Stück Brot. Beim Kauen nehmen die Kinder intensiv den Geschmack des Brotes, welcher im Mund langsam süßlich wird, wahr. Die Kinder öffnen die Augen und tauschen ihre Erfahrungen aus. Der Unterschied zwischen hastigem und langsamen Essen wird besprochen. Die Kinder können den Unterschied zwischen gehetztem und genüsslichem Essen noch mit anderen Nahrungsmitteln ausprobieren.

- verschiedene Nahrungsmittel

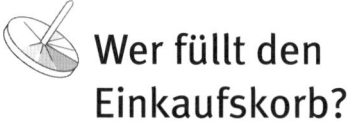# Wer füllt den Einkaufskorb?

Die Kinder teilen sich in zwei Gruppen auf. Jede Gruppe bekommt ein Tablett mit zwanzig verschiedenen Nahrungsmitteln, von einem Tuch verdeckt, einen Würfel und einen Korb.

In jeder Gruppe wirft ein Spieler den Würfel, zeigt die Augenzahl Sechs, darf er mit geschlossenen Augen versuchen, eines der Nahrungsmittel entweder durch Riechen oder durch Schmecken zu erkennen. Gelingt ihm das, bekommt die Gruppe einen Spielstein, den sie im Einkaufskorb ablegt. Gelingt ihm das nicht, probiert der nächste Spieler sein Nasen-„Glück".
Nach einer verabredeten Zeit vergleichen die Gruppen ihre Ergebnisse: Wer hat seinen Einkaufskorb am prallsten gefüllt?

Material

- zweimal zwanzig verschiedene Nahrungsmittel
- zwei Tabletts, zwei Einkaufskörbe
- zwei Tücher, zwei Würfel
- zwanzig Spielsteine für jede Gruppe

Den Frühling riechen

Auf der Wiese können wir im Frühling die ersten Blumen entdecken. Sonnenstrahlen verwöhnen uns und die Zugvögel kehren aus dem Süden zurück. Dabei nehmen wir den Frühling nicht nur mit Augen und Ohren wahr, sondern riechen auch den frischen Duft von Blüten und Gräsern.

Auf einem Frühlingsspaziergang können die Kinder den Frühling begrüßen und ihre Aufmerksamkeit besonders auf die Düfte des Frühlings lenken. Auf einer Wiese können sie an den unterschiedlichen Frühblühern schnuppern und den Duft der erwachenden Natur in sich aufnehmen. Im gemeinsamen Gespräch können die Kinder überlegen:
Welche Blumen dufteten besonders intensiv? Gab es nur gut Riechendes oder auch Unangenehmes?

Wasser schmecken

Die Kinder gehen paarweise zusammen. Jedes Paar bekommt Trinkgläser mit verschiedenen Säften und ein Glas mit Leitungswasser. Ein Partnerkind schließt seine Augen, das andere reicht ihm immer ein Glas zum Probieren an. Nun kostet das Kind die Flüssigkeit, um herauszufinden, in welchem Glas das Leitungswasser ist. Anschließend tauschen die Kinder die Rollen.

- Gläser mit Leitungswasser und verschiedenen Säften, wie Grapefruit-, Apfel- und Orangensaft

Das Schnuppersuchspiel

Für diese Übung gehen die Kinder paarweise zusammen. Jedes Paar holt sich einen Wattebausch, der mit einem Duftöl beträufelt wird.

Während das eine Partnerkind die Augen schließt, legt sich das andere bequem auf eine Isomatte oder Decke und legt den Wattebausch auf eine Körperstelle, die ihm angenehm ist. Das „blinde" Partnerkind muss nun vorsichtig am Körper des liegenden Kindes entlang krabbeln und schnuppern, um dem Duft auf die Spur zu kommen. Nachdem die Spürnase fündig geworden ist, werden die Rollen getauscht. Das Spiel kann dazu beitragen, Berührungsängste abzubauen. Sollte sich ein Kind aber bei diesem Spiel nicht wohlfühlen, muss es natürlich nicht mitmachen.

Material

- Duftöl (Veilchen-, Fenchel-, Mandarinen- oder Zimt-duft)
- Wattebausch
- Isomatte oder Decke

Kindercocktails

Auf einem Tisch stehen verschiedene Fruchtsäfte und Gläser bereit. Die Kinder nehmen am Tisch Platz. Ein Kind aus der Gruppe sucht sich ein Partnerkind aus, dem es einen Fruchtsaftcocktail mischen will.

Das Partnerkind schließt die Augen und bekommt einen Cocktail aus zwei verschiedenen Säften gereicht. Es probiert aufmerksam das Mixgetränk und versucht, die beiden Fruchtsäfte herauszuschmecken. Nachdem alle Kinder Gelegenheit hatten zu kosten und zu mixen, können sie über den Geschmack der einzelnen Mixgetränke sprechen. Gab es Mixgetränke, die besonders gut schmeckten? Gab es auch Fruchtsäfte, die in ihrer Kombination nicht zusammenpassten?

Material

- verschiedene Fruchtsäfte, genügend Gläser

Zungenrechenmaschine

Das Kind schließt die Augen und streckt seine Zunge heraus. Ein Partnerkind legt ihm bis zu vier Rosinen vorsichtig auf die Zunge. Das Kind soll die Anzahl der Rosinen wie mit einer Rechenmaschine zusammenzählen. Ob das Ergebnis nun stimmt oder nicht – auf jeden Fall schmecken die Rosinen köstlich.

Gibt es Zungenrechenkünstler, die sogar 10 Rosinen fühlen und zusammenzählen können?

Material

- Rosinen

Gesunde Pausenbrote

Auf einem Tisch sind gesunde Nahrungsmittel bereitgestellt, mit denen die Kinder selbst Pausenbrote belegen können. Dazu bekommt jedes Kind einen Teller und eine Scheibe Brot, die es mit dem zur Verfügung stehenden belegen kann.

Sind die Brote gemacht, schließt ein Kind die Augen und bekommt von einem anderen Mitspieler einen Teller mit einem Pausenbrot gereicht. Das Kind kostet davon und versucht herauszuschmecken, mit welchen Zutaten das Brot belegt ist. Anschließend kann es sich natürlich das ganze Brot schmecken lassen.

Material

- verschiedene Nahrungsmittel, wie Vollkornbrot, Butter, Käse, Wurst, Eier, Salat, Paprika, Tomate, etc.
- genügend Teller

Spiele fürs Fingerspitzengefühl

Mein Freund

Je zwei befreundete Kinder finden sich zu Paaren zusammen. Sie befühlen sich gegenseitig mit geschlossenen Augen. Wie groß ist der andere? Wie ist sein Körperumfang? Wie fühlt sich seine Kleidung an? Trägt er/sie eine Brille, Schmuck?

Anschließend finden sich die Kinder im Stuhlkreis zusammen. Ein Ratekind stellt sich in die Mitte und schließt die Augen. Aus einer Reihe von vier Personen muss es nun seinen Freund heraussuchen, indem es die Kinder behutsam abtastet. Glaubt das Kind den Freund zu erkennen, bleibt es vor ihm stehen und öffnet die Augen.

Der bunte Paradiesvogel

Die Kinder bilden im Stehen einen Kreis. Einem Kind im Kreis werden mehrere ca. 10 cm lange Papierstreifen an seine Kleidungstücke geheftet. Ein weiteres Kind befindet sich in der Kreismitte; es wird mit geschlossenen Augen langsam um die eigene Achse gedreht. Anschließend wird es zu den anderen im Kreis geführt. Das Kind soll mit geschlossenen Augen den bunten Paradiesvogel ertasten.

Material

- buntes Papier, eine Schere

 Patchwork

Jedes Kind bekommt eine kleine Schachtel in der verschiedene Stoffquadrate liegen. Einige Stoffe sollen doppelt oder sogar mehrfach vorhanden sein.

Das Kind hat nun die Aufgabe, mit geschlossenen Augen ein Patchworkmuster aus den Stoffquadraten zu legen und zwar so, dass keine gleichen Stoffreste nebeneinander gelegt werden. Dazu muss es jeden Stoff intensiv befühlen, um entscheiden zu können, ob er ins Patchwork passt.

Material

- Stoffreste mit unterschiedlicher Struktur in kleine Quadrate geschnitten

Meins und Deins

Die Kinder versammeln sich um einen großen Tisch. Darauf legt jedes Kind einen persönlichen Gegenstand.

Ein Kind eröffnet das Spiel: Es befühlt die gesammelten Gegenstände mit geschlossenen Augen und versucht, das eigene herauszusuchen, indem es aufmerksam die Umrisse und Strukturen abtastet. Sobald das Kind glaubt, dass es sich um einen persönlichen Gegenstand handelt, ruft es laut: „Meins!".

Ältere und geübtere Kinder können auch versuchen, den jeweiligen Gegenstand dem Besitzer zuzuordnen.

Material

- persönliche Gegenstände der Kinder, wie eine Armbanduhr, eine Halskette, ein Armreif, eine Haarspange, ein Portemonnaie, ein Spielzeugauto etc.

Schatzsuche im Sandberg

Inmitten des Stuhlkreises befindet sich eine große Schüssel mit einem Sandberg. Daneben liegen verschiedene „Schätze" wie Muscheln, Steine, Murmeln etc.

Das Kind geht vor die Türe und die Erzieherin gräbt alles in den Sandberg ein. Danach wird das Kind wieder hereingebeten. Es soll in dem Sandberg buddeln und einen Gegenstand erfühlen und benennen. Anschließend holt das Kind den „Schatz" hervor, wurde er richtig erkannt, darf der Schatzsucher noch einmal sein Glück versuchen.

Material

- eine große Schüssel mit Sand
- verschiedene kleine Gegenstände wie Muscheln, Steine, Murmeln etc.

 # Puzzeln

Die Kinder legen sechs zusammenpassende Puzzleteile auf einen Tisch. Vorteilhaft sind vor allem Holzpuzzleteile, bei denen die Kinder die Umrisse besonders gut fühlen können.

Zunächst sollten die Kinder Gelegenheit haben, das Puzzle „sehenden Auges" zu einem Bild zusammenzufügen.

Sobald die Puzzleteile mühelos zusammengefügt werden können, beginnt die zweite Phase der Übung. Die Kinder mischen die Teile und der erste Spieler schließt seine Augen und versucht nur durch Ertasten der Puzzleteile das richtige Bild zu legen. Ältere oder geübtere Kinder können versuchen, auf diese Weise ein Puzzle mit bis zu vierundzwanzig Teilen fertig zu stellen.

- Puzzleteile von einem Puzzle

Wo ist der Apfel?

Die Kinder sitzen im Stuhlkreis. In der Stuhlkreismitte befinden sich verschiedene Gegenstände und der Apfel. Ein Kind aus der Gruppe soll sich die Gegenstände genau ansehen, bevor es das Zimmer verlässt.

Anschließend nehmen sich alle Kinder einen Gegenstand weg und verstecken ihn unter ihrem Pullover. Das Kind vor der Türe wird wieder hereingeholt und soll die Gegenstände durch die Pullover der Kinder abtasten. Glaubt es, den gesuchten Apfel fühlen zu können, wird der Gegenstand unter dem Pullover hervorgeholt. Wurde der Apfel gefunden, werden die Rollen getauscht.

Material

- ein Apfel
- verschiedene Gegenstände, wie Bauklotz, Ball, Buch etc.

Kastanie mit den Füßen fühlen

Für diese Übung muss das Kind die Schuhe ausziehen. Dem Kind werden unterschiedliche Materialien unter die Füße gelegt. Es soll nun die Materialien mit den Füßen fühlen und abtasten und die Kastanie herausfinden.

- eine Kastanie
- unterschiedliche Materialien wie ein Stein, ein Blatt, etwas Moos etc.

Hexenkopftuch finden

Die Kinder sitzen im Stuhlkreis. Ein Kind macht die Augen zu. Drei Kinder stellen sich dicht nebeneinander auf. Davon trägt ein Kind ein Kopftuch als Hexe, die anderen zwei setzen Hüte auf. Das ‚blinde' Kind wird zu den verkleideten Kindern geführt und versucht durch Tasten herauszufinden, wer die Hexe ist. Anschließend werden die Rollen getauscht.

Material

- ein Kopftuch
- 2 – 3 verschiedene Hüte

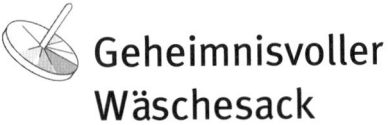 Geheimnisvoller Wäschesack

Diese Übung bietet sich vor dem täglichen Aufräumen an und bereitet den Kindern viel Freude. Die Kinder erleben das Aufräumen nicht nur als „lästige" Pflicht, sondern als Spiel innerhalb der Gruppe. Dazu packen jeweils zwei Kinder bis zu zehn Spielsachen in einen Wäschesack ein.

Nun beginnt das Spiel. Während ein Kind den Wäschesack hält, greift das andere hinein und nimmt sich ein Spielzeug. Im Wäschesack tastet das Kind langsam den Umriss und die Struktur des Spielzeugs ab. Anschließend versucht das Kind den Gegenstand zu benennen. Zur Kontrolle holt das Kind das Spielzeug aus dem Wäschesack heraus.

Wurde es richtig erkannt, räumt das andere Kind das Spielzeug auf. Konnte der Gegenstand nicht erkannt werden, dann muss das Ratekind ihn aufräumen.

Material

- Wäschesack und
- Spielsachen

Spiele zum Luft-holen

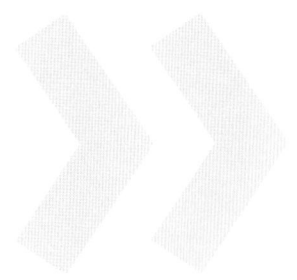

Farbenfrohe Pustespuren

Kinder gehen gerne auf Spurensuche. Bei dieser Übung besteht die Aufgabe darin, mit eingefärbten Murmeln möglichst lange Pustespuren zu hinterlassen. Damit die Kinder die einzelnen Pustespuren gut voneinander unterscheiden und nachvollziehen können, werden verschiedenfarbige Finger- oder Plakafarben benutzt.

Die Kinder stehen locker und entspannt vor ihrem Malpapier, heben eine Murmel mit zwei Fingern vorsichtig auf und tauchen sie in eine Farbe ihrer Wahl. Anschließend legen sie ihre eingefärbte Murmel auf das Malpapier und säubern ihre Finger mit einem Tuch.
Die Kinder atmen tief ein und richten die ausströmende Luft auf die Murmel. Damit die Murmel eine möglichst lange Farbspur hinterlassen kann, muss das Ausatmen deutlich länger dauern als das Einatmen. Nach jedem Atemzug atmen die Kinder ruhig und normal weiter. Nach dieser kleinen „Atempause" setzen sie die Übung mit einer neuen Farbmurmel fort.

Am Ende der Übung schauen sich die Kinder aufmerksam die verschiedenen Farbspuren an. Wann war die Ausatmung besonders lange? Die längste Farbspur verrät es ...

Spiele zum Luftholen

- Malkittel
- Malpapier
- Tuch
- Murmeln
- verschiedene Finger- oder Plakafarben
- genügend Schälchen

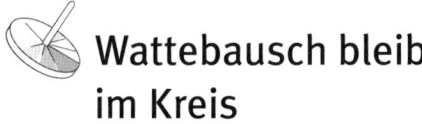

Wattebausch bleib im Kreis

Jeweils zwei Kinder sitzen sich auf dem Boden gegenüber. Zwischen ihnen befindet sich ein Gymnastikreifen mit einem Wattebausch.

Die Aufgabe besteht darin, den Wattebausch durch Blasen zu bewegen, aber nicht aus dem Reifen zu pusten. Dabei muss der Atemstoß also richtig dosiert werden. Die Kinder sollen vor dem Pusten zunächst tief ausatmen und danach tief einatmen. Beim Pusten soll der Platz nicht verlassen werden.

Material

- ein Wattebausch
- ein Gymnastikreifen für jedes Paar

Hindernispusten

In einem Abstand von ca. zehn Zentimetern stellen die Spieler sechs Streichholzschachteln hintereinander auf einen Tisch.

Ein Spieler beginnt, indem er versucht, den Wattebausch im Slalom um die Streichholzschachteln zu pusten. Aber Vorsicht: Damit keine Streichholzschachtel durch das Pusten umfällt, muss die Ausatmung langsam und zielgerichtet erfolgen.

Hat der Spieler eine Streichholzschachtel umgepustet, wird diese als Minuspunkt gezählt. Gewonnen hat der Spieler, welcher das Ziel mit den wenigsten Punktabzügen erreichen konnte.

Sind die Kinder geübter, können sie das Hindernispusten auch auf Zeit spielen.

Material

- sechs Streichholzschachteln
- Wattebausch
- Tisch

Spüre den Windhauch

Bis auf das „Windkind" sitzen alle anderen im Stuhl-kreis, schließen ihre Augen und strecken ihre Hände aus. Das Windkind geht langsam und möglichst ge-räuschlos im Kreis spazieren. Dabei verhält sich die Gruppe ganz ruhig.

Vor einem Kind bleibt es stehen, atmet zunächst tief ein und bläst dann den Atem langsam auf die ausge-streckten Hände des anderen aus. Spürt das Kind den Windhauch auf seinen Händen, öffnet es die Augen und geht in der folgenden Runde ebenfalls als Wind-kind im Kreis herum.

Wattebausch auf der Hand

Die Kinder holen sich einen Wattebausch und legen diesen auf die flache Hand. Zunächst atmen alle Kinder kräftig aus, um anschließend möglichst weit in den Bauchraum hinein atmen zu können. Vorsichtig und behutsam bewegen die Kinder mit der ausströmenden Luft den Wattebausch auf ihrer Hand hin und her. Damit er nicht von der Handfläche fällt, müssen die Kinder sehr konzentriert langsam und gleichmäßig ausatmen. Sobald die Ausatmung beendet ist, machen die Kinder eine kurze Pause, in der sie „normal" und ruhig weiteratmen.

Indem die Kinder kräftig ausatmen und tief einatmen, beginnt das Spiel erneut.

Anschließend tauschen die Kinder ihre Erfahrungen in der Gruppe aus:
Wie musste die Atmung erfolgen, um den Wattebausch auf der Handfläche zu bewegen? Wie fühlte sich der

Wattebausch auf der Hand an? Welche Materialien lassen sich noch mit dem ausströmenden Atem bewegen?

- Wattebausch

 # Atemspaziergang

In einem möblierten Raum gehen die Kinder auf Entdeckungsreise. Jedes Kind geht langsam im Raum spazieren und sucht nach Dingen, die es mit seinem Atem bewegen kann. Durch das Einatmen in den Bauchraum und das konzentrierte Ausatmen probieren sie, die Dinge entsprechend zu bewegen. Wer etwas gefunden hat, macht es den anderen Kindern vor, die das Bewegen durch Atmen dann selbstständig ausprobieren können.

Danach findet ein Erfahrungsaustausch statt:

Welche Dinge konnten bewegt werden?
Aus welchen Materialien bestehen die Dinge, die bewegt werden konnten?
Wie konnte das Atemvolumen gesteigert werden?

Laubsauger

Jeweils zwei Kinder sitzen vor einem Gymnastikreifen. In der Mitte des Reifens liegen die Blätter. Jedes Kind soll mit einem Strohhalm die Blätter aus dem Reifen ‚fischen'. Um genügend Luft holen zu können, muss vor jedem Ansaugen erst tief ausgeatmet werden. Bei dieser Übung, die viel Konzentration erfordert, sollte nach Möglichkeit nicht gesprochen werden.

Material

- Blätter von unterschiedlichen Laubbäumen
- zwei Strohhalme
- ein Gymnastikreifen

 # Zwischen Windstille und Sturm

Bevor das Spiel beginnt, werden verschiedene Windstärken mit den Kindern besprochen und für diese Stärken unterschiedliche akustische Zeichen vereinbart. So könnte folgende Regelung gefunden werden:

- Wind = mit den Fingern schnipsen
- Windstille = Hände hinter dem Rücken verstecken
- Sturm = mit den Händen klatschen und mit den Füßen stampfen

Jetzt sollen die Kinder überlegen, welche Atmung zu den einzelnen Windstärken passen könnte. Dabei könnten folgende Atemtechniken mit dem Kind entwickelt werden:

- Wind = ausatmen, Luft tief einatmen und langsam ausatmen
- Windstille = ausatmen und Luft ruhig einatmen
- Sturm = ausatmen, Luft tief einatmen und kräftig ausatmen

Nachdem die Atmung besprochen wurde, macht die Erzieherin eines der vereinbarten Zeichen, z. B. mit den Fingern schnipsen und die Kinder antworten mit dem entsprechenden „Atemwind".

 Tischfußball

Zwei gleich große Mannschaften setzen sich an einen Tisch gegenüber. In der Mitte jedes Tischendes stehen zwei Bauklötze parallel zueinander; sie bilden die Tore. Auf die Tischmitte legen die Spieler einen Wattebausch.

Ein neutraler Spieler ist Schiedsrichter. Sobald der Startpfiff zu hören ist, versuchen beide Mannschaften den Wattebausch in das jeweilige Tor des Gegners zu pusten. Wird der Wattebausch vom Tisch gepustet, muss der Schiedsrichter ihn wieder in die Spielfeldmitte legen. Es hat die Mannschaft „Anstoß", die den Wattebausch nicht vom Tisch gepustet hat. Nach einer zuvor vereinbarten Zeit erfolgt der Schlusspfiff. Wer konnte die meisten Tore pusten?

Material

- vier gleich große Bauklötze
- Wattebausch
- Tisch

Tischpusteparcours

Diese Übung erfordert schon ein hohes Maß an konzentrierter Atmung. Damit die Kinder ihren Wattebausch vorsichtig an der Tischkante entlang bewegen können, müssen sie zunächst kräftig ein- und ausatmen. Den ausströmenden Atem richten die Kinder auf den Wattebausch, den sie langsam am Tisch entlangbewegen, so dass er nicht herunterfällt.

Damit es den Kindern beim Pusten nicht schwindelig wird, machen die Kinder nach jeder zielgerichteten Ausatmung eine kleine Pause, in der sie „normal" weiter atmen.

Um mit möglichst wenigen Atemzügen den Wattebausch einmal um den Tisch herum bewegen zu können, müssen die Kinder versuchen, ihr Atemvolumen zu steigern. Das gelingt nur, wenn so lange wie möglich ausgeatmet, bzw. die Atemströmung genau kontrolliert wird.

- Wattebausch und
- Tisch

Don Bosco MiniSpielothek
Klein, fein, alles drin

ISBN 978-3-7698-2397-4

ISBN 978-3-7698-2398-1

ISBN 978-3-7698-2399-8

ISBN 978-3-7698-2400-1

ISBN 978-3-7698-2374-5

ISBN 978-3-7698-2373-8

ISBN 978-3-7698-2376-9

ISBN 978-3-7698-2375-2

ISBN 978-3-7698-2356-1

ISBN 978-3-7698-2358-5

ISBN 978-3-7698-2359-2

ISBN 978-3-7698-2357-8

ISBN 978-3-7698-2313-4

ISBN 978-3-7698-2312-7

ISBN 978-3-7698-2314-1

ISBN 978-3-7698-2228-1

ISBN 978-3-7698-2290-8

ISBN 978-3-7698-2291-5

ISBN 978-3-7698-2289-2

ISBN 978-3-7698-2260-1

ISBN 978-3-7698-2261-8

ISBN 978-3-7698-2262-5

ISBN 978-3-7698-2227-4

ISBN 978-3-7698-2162-8

ISBN 978-3-7698-2226-7

ISBN 978-3-7698-2161-1

ISBN 978-3-7698-2160-4